Mod Vareil

Le Pardon comme une Preuve d'Amour

Illustration : Florent Lucéa

Du même auteur

La manipulatrice, BoD, *Mars 2017*
En vers et contre tout, BoD, *Septembre 2017*
D'aussi loin que je me souvienne , BoD, *Octobre 2017*
Mes ressentis, BoD, *Mai 2020*
Hommage à cette Chienne de Vie, BoD, *Juin 2020*

Remerciements

Ce nouveau recueil de poésie est basé sur des questions de pardon et d'amour avec cette simple question :

Le pardon est-il une Preuve d'Amour ?
Ou
L'Amour comme une Preuve de Pardon.

est dédié :
- À mon Nounours
- À mes Grands-parents
- À mes Parents
- À mes Enfants
- À mes Petits-enfants
- À mes Bébés
- À mes Amis
- À mes tortionnaires.

Je voudrais les remercier de me suivre dans mon chemin aventureux, de ne pas m'interdire de parler, d'écrire tous les ressentis de mon âme perdue au milieu de milliers de flots d'amertume, de peur, de chagrin, de désarroi, d'amour, d'affection qui m'envahit depuis toute petite.

Je les remercie du fond du cœur de m'encourager à poursuivre ma voie, pour trouver enfin la paix intérieure.

Préface

Ce nouveau recueil de poésie est une continuité de tous les ressentis de ma vie. Une vie à la recherche d'un amour, d'un pardon dans toute la signification du terme.

L'amour, ce sentiment d'affection et d'attachement que je ressens envers les personnes que je cherche près de moi, à la fois physiquement, spirituellement ou imaginaires, et dont je voudrais leur exprimer par mon comportement, les sentiments qui sont enfouis en moi.

Cet amour est un profond sentiment de tendresse, que je perçois au fond de mon être, allant du désir passionné, de l'amour romantique, de la tendre proximité familiale à l'amour platonique.

Pour moi, l'amour est une quête quotidienne d'un manque, d'un besoin d'aimer, et de se sentir aimée, un besoin de me sentir en sécurité.

J'ai peur de perdre le peu d'humanité qu'il existe encore sur terre, l'AMOUR, et sans cet amour, je me sens en danger, et mon devenir me rend anxieuse à l'idée de vous perdre.

Je n'ai trouvé que ma plume, ma page blanche pour m'exprimer, en faisant couler sur ma feuille tous mes ressentis qui affluent de moi, au plus profond de mon âme, et faire la paix avec moi-même.

Trahisons, humiliations, violences, indifférences me font souffrir... pourtant, je sais que pardonner est un besoin pour retrouver la paix intérieure et l'épanouissement personnel.

Savoir pardonner, c'est tourner la page douloureuse qui me ronge, sans amertume, et reconnaître et accepter les erreurs de l'un ou de l'autre, et de faire preuve d'une grande tolérance, une ouverture d'esprit qui vise à admettre l'erreur et accepter que nous ayons fait souffrir.

Savoir pardonner est aussi un acte égoïste, car je veux me sentir plus heureuse et légère.

Savoir pardonner est aussi me pardonner moi-même et sortir d'une sorte de crispation pour reprendre en main mon chemin, soulager mon cœur, de revenir à un état de liberté et une autonomie vis-à-vis de mon passé.

Le pardon est long et douloureux, mais un si beau chemin vers l'amour.

Introduction

Mes poèmes sont le reflet des sentiments que je ressens. J'écris pour sortir le mal qui est enfoui en moi, et dire ce que mon cœur renferme au plus profond de mon âme.

Dans ce recueil, je pose la question : « le pardon est-il une preuve d'amour ? Ou L'Amour comme une Preuve de Pardon. ».

Pourtant, le pardon est loin d'être un ensemble de mots que l'on prononce sans avoir réfléchi au plus profond de son être.

Il n'y a pas de miracle, encore moins une option pour demander pardon.

Mais une solution en soi s'offre, rester dans son état, être malheureuse et souffrir, ce à quoi je m'oppose, ou accepter de demander le pardon afin de pouvoir suivre la voie vers la guérison, et reconstruire une nouvelle vie.

Avec ces poèmes, je fais une synthèse de tout ce que j'ai au fond de mon cœur, ma tête, afin d'alléger ma douleur, et être en paix avec mon passé et moi-même.

J'ai grand besoin de parler de ce que j'éprouve, faire comprendre à mes enfants, ma famille, mon entourage, mon amour, mes tortionnaires, leurs erreurs, les blessures qui laissent une personne sans défense, sans mot, sans excuse, et pour lesquelles je n'arrive pas à oublier, mais je voudrais au moins faire la paix dans ma nouvelle vie pour avancer, et vivre.

Mon besoin d'amour et de donner de l'amour est très puissant, sans cet amour, je me sens perdue, seule, et rejetée.

Regard de mon enfance...

Un sourire large au milieu de ces verts pâturages,
Un regard d'ange reflétant le bonheur,
Des yeux étincelants d'amour de vivre,
Mes cheveux noirs se soulevant au gré du vent.
Des moments d'amour m'enlaçant par la taille,
Des lumières scintillantes
Comme les rayons du soleil me réchauffant le cœur,
Des chants d'ivresse, d'amour murmurant à mes oreilles,
Des nuits douces, pleines de rêves d'enfant,
Des paroles réconfortantes pleines de tendresse,
Des caresses si douces sur mon visage enfantin,
Des espoirs de bonheur s'ouvrant à mes yeux,
Des douceurs accompagnant mes premiers pas,
Des bras pour m'enlacer, pour dormir, me cajoler,
Des murmures au creux de mon oreille pour me rassurer.
Tu es devant mes yeux
Regard de mon enfance.

Lettre ouverte à mes enfants, mes petits-enfants...

Mes enfants, mes petits-enfants...

La vérité, vous la détenez au fond de vous,

Vos pères la connaissent aussi, mais ils ne veulent pas la regarder en face,

Et rejettent le plus souvent la faute sur moi.

Si j'écris ces livres pour vous, c'est aussi pour moi-même, pour essayer de me libérer de cet enfer que j'endure depuis des années, qui me suit depuis toujours pas à pas.

Je vis et me bats à chaque instant de ma vie pour vous mes enfants, mes petits-enfants.

Je vous aime plus que tout au monde.

Vous êtes ma passion, mon bonheur, ma joie de vivre, ma raison d'exister, ma plus belle réussite.

En une phrase tout simplement ma raison d'être.

J'aimerais revenir en arrière, arrêter le temps qui passe, corriger mes erreurs pour vous donner une vie meilleure, sans tourment.

Malheureusement, le passé est là, et je ne peux le changer.

J'ai toujours essayé de regarder avec mon cœur, de tendre la main, sourire, dire un mot d'amour. Je pensais que c'était les bases pour vivre dans un monde meilleur. Mais le monde est devenu froid, cruel, personne ne se retourne pour vous aider, personne ne vous ouvre son cœur, ses émotions, ses sentimênts, ni vous rassurer, ni vous montrer l'amour.

J'ai essayé de sourire, même si je ne pouvais pas, même si j'étais triste, malheureuse, mal dans ma peau. Je vous ai consolé, malgré quoique parfois moi aussi j'eusse besoin de consolation. Je devais être forte, même lorsque je baissais les bras, que mes forces m'abandonnaient. J'ai ri même quand mes larmes me montaient aux yeux. J'ai travaillé dur, même malade, fatiguée, au bout du rouleau.

J'ai toujours essayé d'être présente, prête malgré mes problèmes, ma souffrance intérieure.

Le pire des sentiments que je ressens est de me rendre compte que j'ai essayé de faire de mon mieux. Malheureusement, il n'y a pas d'école pour apprendre le métier de mère.

Pour moi, vous resterez à jamais mes bébés. Je vous ai porté en moi, vous êtes ma chair.

J'ai eu souvent envie de tout plaquer, de partir. Vous avez été ma force de surmonter.

Ma vengeance a été, face aux autres, de reprendre le dessus, de réussir, et surtout de ne pas leur montrer le plaisir de me voir souffrir.

Je me suis souvent réfugiée derrière un mur pour me protéger, penser assise dans un coin aux choses de ma vie, de faire autour de moi un silence, afin de m'imaginer une vie autre.

J'ai souffert pour vous, afin de vous protéger, car mon amour pour vous est intense. Pourtant, l'amour, le vrai amour ne fait pas souffrir, ne blesse pas, ni ne déçoit.

Une mère parfaite n'existe pas, ne la cherchez pas, simplement si vous m'aimez, vous pourrez reconnaître dans mes sourires, mes mots, mes gestes, toutes ces années, ma valeur et vous saurez au fond de votre cœur que vous me respectez en tant que mère.

Il faut savoir que j'ai toujours été sincère avec tout le monde, et ouvert mon cœur, mes bras pour aider à l'infini, j'ai fait trop confiance, j'ai donné sans compter, et en retour, une médaille appelée «trop bonne – trop conne,».

Je peux vous assurer que toute cette misère, je la porte au-dessus de ma tête, comme un fardeau. J'ai réussi à pardonner à tout le monde, c'est la plus grande preuve d'amour que je peux vous apprendre. Savoir pardonner dans la vie est la plus grande forme d'amour, il faut une grande force de caractère pour lire au fond de soi et accepter son passé pour réussir à passer au-dessus de toute une vie de tourments.

En ce jour, à l'aube de mes soixante ans, je vous dis merci d'avoir été souvent là dans les moments difficiles, de m'avoir soutenue, de m'avoir accompagnée sur ce long chemin chacun à votre manière.

Mais une chose que vous ne pourrez jamais me reprocher, c'est l'amour que j'ai pour vous.

Je vous aime,

Vous, mes êtres chers à ma vie,
Mes amours,
Mes enfants,
Mes petits-enfants.

Hommage et amour d'une fille à sa mère...

Rien n'est plus beau qu'une maman.
Elle est toujours présente et berce de son amour
Nos pas dans notre vie de petite fille à notre vie d'adulte.
Elle est unique.
Son cœur est immense, et son amour infini.
Je t'aime maman, tu m'as tout donné : ta vie, ton amour, ta tendresse, tes bisous, tes bras pour me consoler, me câliner.
À jamais je te garderai dans mon cœur,
Pour moi, tu es la plus belle des mamans.
Tu es mon rayon de soleil, mon étoile.
Pour toi, maman,
Et rien que pour toi ces petits mots d'amour et de tendresse.

Á VOUS MES ENFANTS, PARDON...

Je vous ai tant désirés, tant aimés.
Mon amour, pour vous est infini.
Je n'ai pas toujours été là au bon moment,
Ni lorsque vous appeliez au secours.
Pourtant je suis présente, réelle,
Je peux tout entendre.
Je peux partager vos chagrins, vos peines,
Vos joies, vos réussites.
Par contre, j'ai besoin que vous m'appeliez.
Que vous soyez présents,
Même un petit mot, un petit teste, une parole.
J'ai baissé les bras de peur.
Je me suis souvent dit que j'avais raté ma vie de mère.
Je me pose la question, qu'ai-je fait au bon Dieu ?
Que fais-je sur cette terre maudite ?
J'ai eu envie que ma vie se finisse.
Mais mon amour pour vous était plus fort que ma détresse.
Et mes actes devenaient un appel au secours.
Vous m'avez supportée avec mes pleurs,
Mes souffrances, mes faiblesses,
À vous mes enfants pardon...

À VOUS MES ENFANTS, MES PETITS-ENFANTS...

Je vous ai tant désirés, tant aimés.
Mon amour est infini.
Je n'ai pas toujours été là au bon moment,
Lorsque vous appeliez au secours,
Pourtant je suis présente, réelle,
Je peux tout entendre, tout partager,
Vos chagrins, vos peines, vos joies, vos réussites,
Je peux accepter la mort dans l'âme,
Vos reproches, vos critiques, vos conseils.
Mais, j'ai besoin de vous pour continuer mon chemin,
Que vous m'appeliez,
Que vous soyez présents,
Juste un petit mot sans importance,
Un petit geste de tendresse,
Une parole d'amour, de réconfort.
J'ai souvent baissé les bras dans ma vie, de peur.
Je me disais souvent,
Que j'avais raté ma vie.
Que je n'avais pas réussi mon rôle de mère.
Je me posais fréquemment cette question,
Qu'ai-je fait au bon Dieu, pour mériter cette vie ?
Qu'ai-je fait pour subir tant de souffrance, de douleur ?
Qu'est-ce que je fais sur cette maudite terre ?
La vie vaut-elle vraiment d'être vécue ?
J'ai eu souvent envie que tout se termine.
Que ma vie s'arrête, finisse.
Mais au fond de mon cœur,
Un avertissement me rappelait à la réalité,
Mon amour pour vous.
Cette force d'amour si puissante,

Que mes yeux, mon cœur, mon corps, mon âme
Refusaient que je vous laisse seuls,
Et, je revenais doucement à la réalité,
Je comprenais, que sur cette terre maudite,
Mes enfants, mes petits-enfants sont les plus beaux joyaux,
Qui existent sur cette terre.
Que rien n'est plus merveilleux que leur amour,
Que mes enfants, mes petits-enfants sont la chair de ma chair.
Et que je n'ai pas le droit,
Ni de les décevoir,
Ni de les abandonner,
Ni de leur tourner le dos,
Ni de leur faire du mal,
Par mes actes, mes appels aux secours,
Mais de leur montrer que je suis là,
Que je les aime,
Que je serai présente par mes actes, et mon amour pour eux.
À vous mes enfants, mes petits-enfants...

TOUTE UNE VIE POUR DIRE UN MOT : PARDON...

Toute une vie pour dire un mot : pardon...
Un mot simple, tout simple, pardon...

Un mot si facile à prononcer,
Un mot si difficile pour faire le premier pas.
Un mot si profond dans nos cœurs,
Un mot pour tracer un trait,
Un mot pour tourner la page,
Un mot libre de notre choix,
Un mot pour gagner notre confiance,
Un mot pour se reconstruire,
Un mot venant du cœur, un acte d'amour,
Un mot libre pour chacun,
Un mot pour mériter l'amour,
Un mot ne changeant pas la personne,
Un mot ayant un grand pouvoir,
Un mot pour cicatriser nos plaies,
Un mot permettant d'oublier les blessures,
Un mot pour se réconcilier avec soi-même.

Toute une vie pour dire un mot : pardon...
Combien de fois a-t-on demandé pardon ?

Dire, je trace un trait,
Je tourne la page,
Bientôt, tu ne t'en souviendras plus.
Peut-on oublier ?
Sortons-nous indemnes, à l'identique, comme avant, face à la vie ?
La confiance, est-elle de nouveau établie ?

Croyons-nous que tout va être pareil, comme avant ?
Nous n'avons aucun pouvoir dessus.
Il y a des blessures que l'on n'oublie pas,
Chaque personne est libre de son choix.
La réconciliation est une suite de pardon,
Mais le chemin de la guérison est loin,
Le mal est profond et difficile à oublier.
Nous n'évacuons pas le mal, il reste en nous.
Le passé ne s'efface pas, il impose d'oublier.
Nous enfouissons notre souffrance, notre haine,
Notre rancœur dans notre inconscience.
Sa force est destructive,
Et opère en nous une montée de la violence.
La haine est un sentiment si puissant,
Cette haine nous empêche de vivre, d'avancer.

Toute une vie pour dire un mot : pardon...
Dans notre vie, il existe plusieurs pardons,
Le pardon ordinaire,
Le pardon extraordinaire.
Le pardon pour certains, un acte de courage,
Le pardon pour d'autres, un aveu de faiblesse.
Le pardon libère l'esprit,
Le pardon permet de nous délivrer,
Le pardon permet d'avancer vers le futur.
Le pardon nous insuffle une nouvelle énergie.
Le pardon ne signifie pas oublier,
Le pardon permet de cicatriser nos plaies intérieures,
Le pardon n'évacue pas le mal, il reste.
Le pardon sert avant tout, à se libérer soi-même.
Le pardon ne fait pas changer la personne.
Le pardon, un acte d'amour ?

Le pardon est le fruit d'un vrai travail sur soi,
Mais l'issue est incertaine,
Le pardon est une décision de ne plus souffrir,
Le pardon est une volonté de sortir de la violence,
Le pardon est indépendant de notre volonté.

Toute une vie pour dire un mot : pardon...
Je me sens coupable face à moi-même, face aux autres,
Je reconnais ma souffrance.
Je voudrais qu'elle sorte,
Et dire enfin ce mot, si magique, si simple, si difficile à dire,
Pardon du fond de mon cœur, à vous tous, je vous aime...

Pourquoi, je n'existe pas...

Pourquoi, je n'existe pas...
Depuis des années, je cherche ma voie.
Je n'arrive pas à comprendre ce que j'ai.
Des hauts, des bas...
Des sourires furtifs...
Des rires sans éclat...

Pourquoi, je n'existe pas...
Je plonge à chaque moment dans un océan de questions.
Je me demande ce que je fais sur cette terre.
Je me pose souvent, qu'ai-je fait de mal ?
Je m'interroge à quoi cela est dû ?

Pourquoi, je n'existe pas...
Je m'impose des punitions à moi-même.
J'ai l'impression de ne rien faire de bien.
Je ne suis pas la bonne personne qu'il faut côtoyer.
Je refuse de voir la réalité.
Je m'enferme dans mon univers, où rien ne peut m'atteindre.

Pourquoi, je n'existe pas...
Je crains les autres.
J'appréhende le regard de certains.
J'angoisse de sortir de chez moi.
Je panique de me regarder dans un miroir.

Pourquoi, je n'existe pas...
Mes sentiments s'entremêlent.
Ils paraissent inévitables dans mon quotidien,

Ils arrivent sans crier gare,
Ils me freinent dans ma vie de tous les jours.

Pourquoi, je n'existe pas...
Je doute sans cesse de moi,
Je m'enferme dans mon cocon de morosité,
De solitude, de souffrance.
Je n'ai plus d'objectivité, de motivation, d'aisance,
C'est mon fardeau, mon quotidien.

Pourquoi, je n'existe pas...
J'ai l'impression de tourner en rond.
Je porte ce poids qui m'empêche de stimuler ma vie.
J'ai une attitude destructrice envers moi.
Je bascule à chaque moment, pour un rien.

Pourquoi, je n'existe pas...
Je n'ai aucune explication,
Ou bien, je ne veux pas voir la réalité.
Je me cache derrière mon passé.
Je me rejette tous les torts,
Mon existence n'est pas réelle.

Pourquoi, je n'existe pas...
Je n'arrive pas à m'épanouir.
Dans mes moments de solitude, les larmes,
Les vertiges me font perdre la tête.
Je pleure, je crie, j'appelle au secours.
Et lorsqu'une personne me tend la main,
Je me renferme sur moi-même.
J'ai des flots de pensées destructives, noires et mélancoliques.

Je mets des mots sur ma douleur endurée.

Pourquoi, je n'existe pas...
J'ai besoin de parler, de m'exprimer, de me faire comprendre...
J'ai besoin de dessiner les contours de ma vie
Pour m'affirmer, m'en sortir,
J'ai besoin de pouvoir me confier, vivre, revivre,
Et ne plus être prisonnière entre quatre murs par mon état.

Pourquoi, je n'existe pas...
J'ai juste besoin d'un petit tremplin,
Juste pour faire un pas en avant,
Me retrouver avec moi-même et les autres,
Me développer et que cet ennemi visible disparaisse à jamais.

Pourquoi, je n'existe pas...
J'adorerais profiter de la vie, du bonheur,
De l'amour, des petits riens.
J'aimerais éprouver la joie de vivre du quotidien,
Je souhaiterais avoir une ouverture d'esprit,
J'affectionnerais de partager avec les autres une vie normale.

Pourquoi, je n'existe pas...
Toutes ces réflexions sur mon état,
Forment un sentiment si puissant et mental.
Peut-être si je m'en donnais les moyens pour réussir,
Et visualiser la sortie au bout du chemin, je pourrais revivre.
Ma détermination sera la clé
Qui fera sauter toutes les serrures fermées,
Et je pourrais enfin voir le fond du tunnel.

Pourquoi, je n'existe pas...
Peut-être un jour, lorsque je serai en paix avec moi-même.

Je voudrais comprendre...

Je voudrais comprendre les secrets de mon passé,
Les secrets de mon existence, de mon désarroi.
Je voudrais comprendre toutes mes angoisses,
Et toi, tu es là, présent,
Près de moi, me guidant vers mon avenir.

Je voudrais comprendre mes premiers pas,
Vers mon nouveau destin,
Que tu m'as offert par cette porte entrouverte,
Où tout devient calme au fond de moi,
Où tu me fais oublier mes terreurs,
Ton amour m'apporte le réconfort.

Je voudrais comprendre aujourd'hui mon passé,
Ce passé qui s'éteint petit à petit auprès de toi.
Ce gouffre où j'étais plongée depuis tant d'années,
De mille regrets et de souffrance,
Tu es là maintenant, présent, m'ouvrant ton cœur.

Je voudrais comprendre ce sentiment bizarre qui m'envahit,
Devant cet amour intense, cette union qui dépasse le firmament.
Qui pour rien au monde n'est plus précieux que ta présence,
Mon cœur bat à chaque instant pour toi,
Mes yeux s'ouvrent devant la réalité.

Je voudrais comprendre le pourquoi
De ce changement au fond de moi,
Qui s'opère, qui devient réalité.
Ces sentiments que je te porte, m'aident à vivre,

À entrevoir les portes du bonheur,
Ce bonheur, ces désirs, ces pensées tant désirés,
Vont vers un seul regard,
Toi, mon amour, mon aimé.

Je voudrais comprendre mon existence,
Qui à ce jour est si présent en moi,
Tu es là, tu me fais tourner la tête,
Pour me faire réagir,
Pour me faire sortir de cette torpeur,
Et me donner le courage d'affronter la vie.

Je voudrais comprendre pourquoi, pendant toutes ces années,
Je t'ai cherché, en vain.
Maintenant, que je t'ai trouvé,
J'aspire avec toi au bonheur,
Ce bonheur tant attendu,
Cette vie existe, réelle, pleine d'amour,
Que tu me donnes à chaque instant de ta vie,
Je voudrais comprendre...

Je me cherche...

Assise sur cette plage de sable chaud,
Seule face à la mer,
Je me cherche...
Mes yeux se perdent au loin,
Je regarde l'horizon,
Cette ligne sans fin,
Un mystère de la vie,
Le bleu azur de cette eau limpide,
Ne fait qu'un avec le ciel céruléen.
Le soleil illumine ce vaste horizon,
Si loin, où mes yeux ne peuvent voir.
Je rêve à cet endroit imaginaire,
Une terre promise, scintillante,
Une terre toute neuve, pleine d'amour.
Une richesse de mon cœur enfouie,
Un ami de ma vision traîtresse,
Fuyant devant moi, à la vitesse de l'éclair,
Lorsque j'essaye d'avancer,
Ne pouvant donner un nom,
Devant ce vaste, mystérieux et beau reflet,
Que je ne veux pas,
Être mon bourreau,
Mais simplement mon amour, mon avenir,
Au plus lointain que mon regard fixe,
L'horizon si distant, ne répond pas à mon appel,
Je me cherche...
Et me cherche toujours et encore...

Mon désespoir...

Mon cœur saigne,
Mes larmes coulent,
Mon corps ne répond plus,
Mon cerveau se déconnecte.
Je tombe sans rien y comprendre,
Je crie à l'agonie,
Je sombre dans la folie,
J'explose de rage.
J'espère un miracle,
Un tout petit miracle suffirait.
Il fait froid autour de moi,
Sans leur amour,
Sans leur pardon,
Sans leur compréhension.
Je me meurs doucement.
Je voudrais qu'ils comprennent :
Que la douleur me ronge,
Que le pardon serait mon réconfort,
Que la compréhension est ma survie,
Que leur amour est toute ma vie.
Que le jugement de mes actes s'arrête.
Je demande juste de m'aimer,
De me pardonner.
J'ai tant à donner encore.
Mon cœur est plein d'amour.
Au fond de moi, la douleur est là.
J'ai tout perdu,
Mon rôle de femme,
Mon rôle de mère.
Maintenant, je perds foi en la vie.

J'ai pourtant encore une lueur d'espoir,
Mon cœur palpite et pleure,
Sans cesse, il est empli de tristesse.
Je ne veux plus souffrir.
J'aimerais tout recommencer,
Retrouver mon rôle de mère,
Assumer ma vie de femme,
Pouvoir arborer de nouveau, un large sourire,
Vous prendre dans mes bras,
Vous câliner,
Vous dire des mots d'amour.
Les mots me manquent...
Je me noie,
Je m'enfonce.
Je ne comprends plus rien.
Les mots ne veulent plus rien dire.
J'ai peur de mes pensées,
Les mots ne s'assemblent plus,
Je suis aveugle,
Je perds tout jugement,
Toute capacité à m'exprimer.
Aurai-je le droit à ce pardon ?
Je me perds dans mon chagrin.
Je me consume petit à petit.
J'attends un geste,
Un simple appel,
Un murmure à mon oreille,
Un mot d'amour tout éclairé.
Juste pour savoir que je suis pardonnée,
Que j'existe,
Que je ne partirai pas seule.

Seule et encore seule...

Seule et encore seule au milieu de nulle part,
Entourée de mille facettes,
Face à mon destin,
Sans pouvoir comprendre,
Accompagnée de cet univers,
J'avance, le regard vers le futur.

Seule et encore seule, je me pose des milliers de mots,
Les uns derrière les autres,
J'essaye de les analyser,
Mais rien n'illumine mon destin
D'un regard, d'une pensée, d'un geste, d'une attention.

Seule et encore seule, es-tu là ?
Non, tu es loin, sur tes arrières,
Contre vents et marées, tu te caches,
Derrière un jeu,
Que je reste muette, m'enfonçant dans ma souffrance,
Ne pouvant m'exprimer, ni murmurer mes pensées,
Cherchant le moyen de te sortir de ta torpeur,
Par des mots doux, des attentions,
Mais rien n'y fait.
Tu ne vois rien, et moi,
Mes bras ne peuvent plus porter seule ce fardeau,
Mes épaules s'affaissent petit à petit,
Personne pour m'écouter, comprendre mon besoin.
Ce besoin d'amour, ce besoin de présence,
Ce besoin d'être deux pour vivre et surmonter les épreuves.

Je suis seule, et encore seule,
Pourquoi, j'apparais si transparente à tes yeux,
Sans aucune attention de ta part.
Tu vas, tu viens,
Loin ou près, quelle différence,
J'ai l'impression de n'être qu'une ombre pour toi.

Seule et encore seule,
Je vais et viens, tournant en rond, ne sachant que faire,
Ma présence auprès de toi, paraît si minime à tes yeux.
Je reflète au-dessus de l'eau une image,
Une image que je souhaite anéantir,
Pour devenir réelle, espérer un dialogue,
Partager nos idées,
Pouvoir m'enlacer dans tes bras,
Parmi les verts pâturages,
Au milieu d'un océan de douceur,
Courir le long de ces sentiers de montagne,
Partir loin très loin vers l'aventure,
Pouvoir te sortir de ce monde où tu t'es enfermé,
Ce dont tu ne veux pas admettre.

Seule et encore seule, je suis,
Je voudrais t'aider, mais comment,
Rien ne t'ouvre les yeux,
Tu te voiles la face,
Et moi, je suis là, j'ai peur,
Je sais que tu m'aimes,
Mais l'amour ne peut exister,
Que lorsque nous nous battons ensemble,
Et moi, je me bats seule, face à tous les tracas,
Sans une aide, ni personne, ni pouvoir me réfugier,

Sauf, dans ma tête, où les questions fusionnent de toutes parts,
Et que mes nuits ressemblent à des interrogations :
Que faire, que dire, comment lui montrer ?

Seule et encore seule, je voudrais être là,
Avec toi,
T'apporter le bonheur enfin mérité,
Te dire que je suis là, près de toi,
Que j'existe, que je suis réelle,
Et que je voudrais pouvoir te soutenir,
Que j'accepte beaucoup, mais je ne veux pas me sacrifier,
Car mon sacrifice de tous les jours,
Sera-t-il vaincre cet abîme au-dessous de toi,
Et nous réunir enfin l'un et l'autre ?

Mon jardin secret...

Mon jardin secret...
Qui peut dire à quoi il ressemble ?
Une pensée derrière moi-même,
Un regard sans tain,
Une âme toute seule,
Une personne meurtrie.

Mon jardin secret...
Qui peut dire à quoi il ressemble ?
Une souffrance de tous les jours,
Une image de mes regrets,
Un reflet de mon existence.
Une douleur sans fin.

Mon jardin secret...
Qui peut dire à quoi il ressemble ?
Des amours sans amour,
Des déceptions à l'infini,
Une douleur sans fin.

Mon jardin secret...
Qui peut dire à quoi il ressemble ?
Des coups physiques et moraux,
Des cris de douleur toute une vie,
Une déchéance de ma personne.

Mon jardin secret...
Qui peut dire à quoi il ressemble ?
La destruction de moi-même,

La liberté perdue,
Le remords de mes actes.

Mon jardin secret...
Qui peut dire à quoi il ressemble ?
Une poursuite toute une vie de l'amour
Une recherche du bonheur
Une course vers une vie meilleure.

Mon jardin secret...
Qui peut dire à quoi il ressemble ?
Un voyage vers le passé,
Un retour aux sources,
Une renaissance de moi.

Mon jardin secret...
Qui peut dire à quoi il ressemble ?
Un regard vers le futur,
Une vision de mes rêves,
Une illusion vers le bonheur.

Mon jardin secret...
Qui peut dire à quoi il ressemble ?
Personne ne peut le dire,
Moi seule en connais les contours,
Moi seule en supporte les méandres,
Moi seule en découle ma vie,
Moi seule en éprouve les douleurs,
Moi seule en ressens les maux,
Moi seule peux résoudre mon passé,
Moi seule peux contrôler mon avenir,

Moi seule, et moi seule
Connais Mon jardin secret...

Au-delà des nuages...

Au-delà des nuages
Petite fille, je t'ai vu partir loin de moi, par ce grand escalier,
Tu as monté doucement ce chemin, si haut, au-delà des nuages.
Les nuages ont voilé ta présence à mes yeux.
Je regarde chaque jour ce ciel,
Un ciel d'un bleu intense comme l'océan,
Un ciel noir menaçant comme la colère qui monte en moi.
Les yeux levés vers le ciel, les étoiles, la lune, le soleil,
Je te cherche dans cet univers sans fin.
Le soleil reflète ton visage dans mes yeux,
La lune répond à mes questions,
Les étoiles brillent de ton sourire éclatant,
Le vent léger comme ton souffle, m'empresse de m'entourer,
La pluie, comme une perle de tes larmes,
Me lave de mes cauchemars.
Je sens près de moi ta présence.
Ton souffle m'effleure comme une vague légère.
Je sens ta main sur mon épaule.
Ta main ressemble à une force très douce.
Tu me transportes, m'emmènes au loin,
Tu me soulèves au-dessus des nuages,
Et de là-haut, tu me montres le chemin,
Tu m'attires auprès de toi,
Tu me parles avec les mots d'avant,
Tu me consoles, ta petite fille à toi,
Je suis transportée vers l'au-delà,
Je n'ai pas envie que tu t'éloignes,
Je voudrais que rien ne cesse.
Je ne lutte pas, je veux rester avec toi,
J'ai envie de fermer les yeux à jamais,

Ne plus me réveiller.
Mes yeux fermés, ton visage apparaît,
Mes yeux grands ouverts, je retourne près de toi,
Me voyant sur tes genoux, riante, heureuse,
Un ange.
Je sens ton odeur, ton souffle,
La nuit, mes rêves deviennent réalité,
Je te vois, tu me parles,
Le jour, je perçois ta voix.
Le monde est méchant,
Tout va mal,
Je me sens perdue, mal.
Au loin, très haut, une petite étoile brille,
Elle scintille pour moi,
Elle me parle, et me dit tout bas, tout bas,
Tout va s'arranger,
Avance, tu verras le bout du tunnel,
Le temps qui passe ne peut altérer notre amour profond,
L'attachement qui nous lie.
Ils grandissent avec moi, chaque jour loin de toi.
J'aimerais de nouveau pouvoir me loger dans tes bras,
Entendre ta voix douce,
Tes mots tendres
Ton odeur si puissante de liberté,
Je voudrais que tu sois là, toujours là,
Reviens, j'ai besoin de toi,
Je t'aime tant. Toi mon gentil grand-père,
Tu es parti trop tôt.

Toi, mon fils, mon cadet... La souffrance de mon cœur.

Toi, mon fils, mon cadet... La souffrance de mon cœur,
Tu es né,
Tu as grandi loin de moi,
Tu es devenu aussi un homme,
Tu m'as appelé au secours,
Tu m'as rejetée,
Tu m'as oubliée.

Toi, mon fils, mon cadet... La souffrance de mon cœur,
Enfant turbulent,
Enfant coléreux,
Enfant au grand cœur,
Enfant solitaire,
Enfant de ma vie,
Enfant de mon âme.

Toi, mon fils, mon cadet... La souffrance de mon cœur,
Ta présence me manque,
Ton amour se dérobe,
Ton silence me détruit,
Ton rejet me torture,
Tes mots doux ne sonnent plus.

Toi, mon fils, mon cadet... La souffrance de mon cœur,
Loin de toi, je souffre,
Loin de ton cœur, je pleure,
Loin de tes câlins, je m'effondre,
Loin de toi, rien n'est pareil,
Loin de toi, je ne suis plus rien,

Toi, mon fils, mon cadet... La souffrance de mon cœur,
Mon cœur est plein d'amour pour toi,
Mon âme est pleine de tendresse,
Ma vie est pleine de regrets,
Mon visage se crispe,
Mes yeux essayent de te trouver,
Mes lèvres ne veulent pas s'ouvrir.

Toi, mon fils, mon cadet... La souffrance de mon cœur,
Que d'années sans toi à mes côtés,
Que de jours sans ta présence,
Que d'heures sans ton amour,
Que de silence sans comprendre,
Que de questions sans réponse.

Toi, mon fils, mon cadet... La souffrance de mon cœur,
Tu n'as qu'une maman,
Peut-être pas parfaite,
Mais une maman qui pense à toi à chaque instant de sa vie,
Une maman qui t'aime,
Une maman qui te crie au secours,
Une maman qui te tend les bras,
Une maman qui t'ouvre son cœur,
Et tout simplement,
Une maman pour la vie,

Toi, mon fils, mon cadet... La souffrance de mon cœur.

Toi, mon fils bien-aimé, ma prière, depuis toujours...

Toi, mon fils bien-aimé,
Je prie depuis toujours,
Je ne sens pas ma vie,
Je me vois nulle,
Je ne suis rien sans toi,
Que bonne à envoyer au rebut,
Ou tout simplement partir,
Sans crier gare !
Te donner mon amour,
Pour ne plus être tourmentée.
Ce silence me tue,
Seul l'espoir me retient,
Je vis dans le remords,
Depuis toujours,
Pourquoi ?
Je m'enfonce, doucement.
J'appelle au secours,
Je tends mes mains vers toi,
Mais rien à l'horizon,
Que le silence !
Je me noie dans le désespoir,
Je me sens si seule, sans toi,
J'éprouve dans mon cœur de la tristesse,
Je me demande si je suis vivante,
Je perds pied et déraisonne,

Je suis un être plein d'amour,
Mais négative au fond de moi,
J'essaye de taire la voix,
Qui trahit mon esprit.

Je suis égarée.
Je ne trouve plus le chemin de ma destinée,
Mes souffrances me font rappeler mon passé,
Je meurs lentement,
Mon corps ne me porte plus,
J'attends seule.
Un geste, une parole, un pardon.
J'espère qu'une porte s'ouvre,
Une porte d'amour,
Une porte de pardon,
Une porte ouvrant ma cage,
Une porte détruisant mes peurs.
Dans ce cocon enfermé,
J'attends avec espoir, toi,
La clé qui ouvrira cette porte,
Qui m'empêche d'avancer,
Une pure envie de te serrer dans mes bras,
Cet amour perdu,
Qui dure, et alimente ma souffrance.
Ma peur m'interdit d'exister,
Cette peur me ronge,
De partir sans t'avoir dit mon amour,
T'enlacer dans mes bras,
Te murmurer, je t'aime,
Entendre le son musical de ta voix,
Voir ton regard éclairer ma vie,

Entendre le doux murmure,
De ce pardon que j'attends,
Pour me libérer,
Et te dire combien je t'aime et tiens à toi,
Toi mon fils, mon bien-aimé.

Pardon mon fils, mon cadet...

Je pleure, et mon âme est malmenée.
Mes larmes témoignent de mon drame.
Je suis si triste,
J'ai si mal au fond de moi.
Tu es ma chair,
Tu es mon sang.
Mes tourments, c'est de ne pas avoir été une mère parfaite.
Je t'ai porté en moi.
Je t'ai donné la vie.
Aujourd'hui, tu ne m'adresses plus la parole,
Tu me juges,
Tu me repousses.
Pourtant, parfois tu m'as manqué de respect.
Tes retards, tes absences, tes reproches, tes insultes, j'ai enduré...
Face à toi, j'ai essayé la douceur de la parole, les gifles méritées.
Mais rien n'y a fait.
Tu m'as laissé le cœur ensanglanté.
Malgré toutes ces nuits où je t'ai bercé.
Je pleure mon impuissance face à tout.
Je pleure mon mal de ne pouvoir te retrouver.
Je pleure face à ma vie.
J'ai tout sacrifié pour t'élever, te combler et t'aimer.
Je ne voudrais pas partir sans te revoir,
Sans tes câlins, sans tes paroles.
Sache mon fils que je souffre.
Mais je reste à jamais ta mère.
Ta maman qui t'aime de tout son cœur.
Qui te demande pardon.
Pardon mon fils, mon cadet...

Un amour, une larme...

Un amour, une larme dans mon cœur,
Un amour à l'infini qui fait pleurer mon âme,
Un amour à jamais qui crie de désespoir.

Seul, je me bats pour notre amour,
Seul, j'avance sur ce chemin du bonheur,
Seul, je ne vois pas l'horizon du bien-être.

Innocent, j'accepte la souffrance,
Innocent, j'endosse les caprices,
Innocent, je concède à me courber.

Un amour, une larme dans mon cœur,
Un amour, sans lendemain à deux,
Un amour, sous la menace.

À chaque instant, je bascule,
À chaque instant, je suis triste,
À chaque instant, mon cœur pleure.

Mes yeux ne veulent pas regarder,
Mes yeux ne voient que l'amour,
Mes yeux se remplissent d'anxiété.

Un amour, une larme dans mon cœur,
Un amour, sans ami, sans famille,
Un amour basé d'amour et d'eau fraîche.

Je cherche, et ne comprends pas,
Je cherche et aucune réponse,
Je cherche, toujours une solution.

Un amour, une larme dans mon cœur,
Un amour qui me détruit peu à peu,
Un amour, sans compréhension.

J'aimerais pouvoir exprimer mon chagrin,
J'aimerais essayer de manifester mes désaccords,
J'aimerais extraire le mal qui me ronge.

Je souhaiterais vivre sans peur du lendemain,
Je souhaiterais respirer sans crise de jalousie,
Je souhaiterais réaliser mes rêves.

Un amour, une larme dans mon cœur,
Un amour, sans jardin secret.
Un amour, étouffant de reproches.

Mon cœur bat fort au fond de moi,
Mon cœur crie de douleur,
Mon cœur fuit la solitude.

Je n'ose regarder l'avenir en face,
Je n'ose entrevoir mon destin,
Je n'ose me plaindre de ma tristesse.

Un amour, une larme dans mon cœur,
Un amour, où tout est rejet.

Un amour, manipulé par les mots de menace.

Je n'arrive pas à comprendre cet amour,
Je n'arrive pas à mettre fin à cette souffrance,
Je n'arrive pas à me détacher.

Ma bouche aimerait faire comprendre,
Ma bouche apprécierait des mots doux,
Ma bouche maudit les malentendus.

Un amour, une larme dans mon cœur,
Un amour, fuyant à mes yeux,
Un amour, esclave de mon amour.

Aucune amabilité avec les autres,
Aucune compréhension de sa part,
Aucune responsabilité dans la vie.

Ma tête explose sous la déception,
Mon corps ne répond plus,
Mon cœur hurle à l'agonie.

Un amour, une larme dans mon cœur,
Un amour, sans but s'ouvre à moi,
Un amour basé sur une insociable.

Je porte tout à bras-le-corps,
Je porte seul les responsabilités de notre vie,
Je porte notre avenir sans savoir où je vais.

Que faire ?
Que dire ?
Que comprendre ?
Seulement, un amour, une larme dans mon cœur.

Entends-tu...

Entends-tu...
Mes cris de douleur s'élever au loin à l'horizon,
Entends-tu...
Mon cœur battre à chamade, comme un tambour,
Entends-tu...
Ma souffrance au fond de mon âme me détruire,
Entends-tu...
Mon désarroi face à ce passé qui m'inonde,
Entends-tu...
Ma colère face à mon miroir que je hais,
Entends-tu...
Ma détresse, les yeux levés vers le ciel,
Entends-tu...
Mes angoisses, qui me rongent chaque jour,
Entends-tu...
Mon appel au secours au milieu de mes cauchemars,
Entends-tu...
Mon amour que j'ai tant à donner,
Entends-tu...
Mes regrets d'enfant que mes yeux cherchent,
Entends-tu...
Mon désarroi au milieu de ce flot de peur,
Entends-tu...
Mon corps se tordre de douleur face aux années,
Entends-tu...
Mon visage crispé par les rides au fil des ans,
Entends-tu...
Mes mots qui ne veulent pas sortir de ma bouche,
Entends-tu...
Mon chagrin qui me ronge depuis des années,

Entends-tu...
Mes supplications demandant que tout s'arrête,
Entends-tu...
Mes désirs d'être heureuse, de vivre,
Entends-tu...
Mes rêves enfouis au plus profond de moi,
Entends-tu...
Mes cauchemars qui sans cesse surgissent de mon passé,
Entends-tu...
Mes pieds glissés sur cette terre froide,
Entends-tu...
Ma vie qui s'écoule dans mes veines,
Entends-tu...
Mon âme désabusée qui cherche le bonheur,
Entends-tu...
Mon être trahi par la vie tout au long de mon chemin pierreux,
Entends-tu...
Mes paroles hurlées ma tristesse,
Entends-tu...
Mon courage de vouloir survivre, de sortir la tête de l'eau,
Entends-tu...
Mon moi que je cherche, ma voie de l'avenir,
Entends-tu...
Mes soupirs de tristesse le long de ce chemin tortueux,
Entends-tu...
Mon mur de silence autour de moi que je me suis construite,
Entends-tu...
Mes dérobades face à la réalité du présent et du passé,
Entends-tu...
Ma plume sur ce morceau de papier faisant couler l'encre,
Entends-tu...
Tout simplement, MOI

Avec mes peurs,
Mes cauchemars,
Mes angoisses,
Mes regrets,
Mes désespoirs,
Mes colères,
Mes détresses,
Mes abîmes,
Mon amour,
Ma tendresse,
Entends-tu...
Tout simplement, MOI.

TOI, MON MIROIR...

Toi, mon miroir...
Tu es le fruit de ma vie,
Tu es le portrait des traces de mon passé,
Tu es l'aboutissement de mon visage flétri
Par les années de souffrance.
Tu es la conséquence de mes cicatrices cachées,
Tu es la conclusion de tous les orages que j'ai éprouvée.

Toi, mon miroir...
Face à toi, je suis seule avec mes doutes, mes tourments,
Face à toi, je ne me reconnais pas,
Face à toi, je renvoie une mine à faire peur,
Des traits tirés, et des rides saillantes,
Face à toi, je vois le reflet de mon désespoir.

Toi, mon miroir...
Face à toi, mon visage est l'empreinte de mes ressentis modelés
Par mes émotions déformées par mes peurs,
Face à toi, je suis aveuglée parce que je me vois
Tantôt belle tantôt moche,
Face à toi, j'ai l'impression d'être une étrangère,
Face à toi, j'ai besoin de savoir qui je suis.

Toi, mon miroir...
Face à toi, je vois mon visage, le reflet de mes souvenirs,
Face à toi, je découvre mon masque, l'ombre de mon passé,
Face à toi, j'affiche une mine non satisfaite de ce que j'aperçois,
Face à toi, je renvoie mes rêves les plus intenses.

Toi, mon miroir...
Face à toi, je devine mes craintes, mes souffrances, mes joies,
Face à toi, je me sens sale, je me dégoûte, je me fais peur,
Face à toi, je ressens mon chagrin,
Face à toi, je perçois les cauchemars de mes nuits.

Toi, mon miroir...
Face à toi, je cherche au fond, ma jeunesse égarée,
Face à toi, je désire savoir les messages,
Les questions de ma vie que pose le reflet de mon visage,
Face à toi, je découvre les marques du passé
Qui se sont installées chaque jour doucement,
Face à toi, je décèle que tu es le souci de mon existence,
Le trouble de moi-même.

Toi, mon miroir...
Face à toi, je démasque que tu sois le vertige de mon âme perdue,
Face à toi, je restitue l'apparence de mon empreinte,
Face à toi, j'ai peur de mes pensées, de mes illusions,
Face à toi, j'essaye de comprendre tout ce qui m'habite.

Toi, mon miroir...
Face à toi, je détecte que tu es ma source de réflexion,
Face à toi, j'entrevois que tu m'invites à méditer,
Face à toi, je suis affolée quand je contemple mon visage
Face à toi, j'ai peur de me regarder.

Toi, mon miroir...
Face à toi, je hais ces mille facettes où je me regarde,
En tête à tête avec moi-même,
Face à toi, je comprends que tu es la clé de mon être

Entre le monde extérieur et mon âme meurtrie,
Face à toi, je vois un portrait inconnu
Où ma conscience se heurte,
Face à toi, je reste là, bouche bée.

Toi, mon miroir...
Face à toi, je suis toi, un moment de mon passé
Face à toi, je suis toi-même, un moment du présent,
Face à toi, je suis attirée quand je passe devant toi,
Malgré cette peur au ventre,
Face à toi, je recule devant ce masque de moi-même.

Toi, mon miroir...
Face à toi, je te sens mystérieux, attirant, désœuvrant, profond,
Face à toi, je sais que tu es le reflet de mon existence,
Face à toi, je recule devant ce profil de moi-même,
Je me fais peur,
Ou ai-je peur de savoir qui je suis ?
Face à toi, je me pose cette question,
Qu'est-ce que cela veut dire ?

Toi, mon miroir...
Face à toi, je voudrais une fois t'oublier,
Pour me glisser dans les yeux des autres,
Afin de savoir la réalité de ce que les gens pensent de moi,
Face à toi, je renonce à la réalité,
Face à toi, je vois l'horreur de tout mon être
Quand j'ouvre mes yeux.
Face à toi, je crois que tu n'es que moi ou mon moi.

Toi, mon miroir...

Prends ma main...

Prends ma main,
Viens ce matin, cueillir la rose qui a éclose.
Prends la rose.
Cueille la rose de l'amour,
Cueille la rose de la vie.

Prends ma main...
Le jardin de roses s'offre à nos pieds,
Le souffle du vent d'été encore présent
Transporte son parfum si léger,
Sa senteur divine se répand autour de nous,
Et nous entoure de son odeur.
La rosée sur ces pétales ce matin, brille d'un éclat de diamant.
La rose nous émerveille.
La rose livre tous ses trésors.
Le charme de la rose, nous apporte la paix.
Ses pétales si frêles, si frais nous apaisent,
Et nous appellent à les cueillir, les roses de la vie.
Les roses sont des étoiles éternelles,
Des joyaux vivants parfumés,
Des larmes de rosées,
Des baisers d'étoiles.

Prends ma main,
Une rose au milieu du jardin appelle.
Cueille-moi, je suis la rose de l'amour,
Cueille-moi, je suis la rose de la vie.
Mes pétales sont pleins de rosée de la nuit.
Je brille de l'éclat d'un diamant.

Mes pétales s'épanouissent pour te montrer mon cœur.
Je suis la rose de l'amour,
Je suis la rose de la vie.
Je suis la rose qui livre tous ses trésors.
Je suis une fleur qui ne dure que l'instant d'un amour.
Cueille-moi, du plus profond de ton cœur, avec amour,
Et du plus beau de tes baisers, vis ce temps de rêves d'un jour.
Je suis la rose de l'amour,
Je suis la rose de la vie.
Car demain, j'aurai perdu ma beauté d'un jour.
Prends ma main...

Non, je ne veux plus souffrir...

Non, je ne veux plus souffrir...
Ma colère est en moi,
Le déclic d'une vie absurde.
Non, je ne peux plus accepter,
La méchanceté, l'hypocrisie,
Je veux vivre en paix.
Je crie de toutes mes forces,
Stop ! Je ne suis pas un punching-ball.
Je veux être respectée,
J'ai tout donné,
Et j'en ramasse plein la face.

Non, je ne veux plus souffrir...
Supporter certaines personnes avec le mal en elle,
Qui jouent avec mes sentiments,
Qui s'amusent à me manipuler,
Qui savent se faire plaindre,
Et toujours le même refrain...
Tout retombe sur moi.
La gentillesse, l'amour ne payent pas.
Je ne veux plus jamais avoir affaire à elle,
Ni passer pour une idiote,
Ni être le rebut,
Ni prendre tout à la face, des reproches.

Non, je ne veux plus souffrir.
Je ne veux plus entendre parler d'elle.
Je ne veux plus l'aider,
Je ne veux plus ramasser des coups moraux ou physiques,

Jamais plus, elle ne mettra les pieds chez moi,
Jamais plus, je ne connaîtrai la souffrance à cause d'elle,
Jamais plus, je ne subirai ses sarcasmes,
Jamais plus, je ne lui ouvrirai mon cœur,
Jamais plus, je ne souhaiterai me retrouver en sa présence.

Non je ne veux plus souffrir...
Jamais, je ne pourrai pardonner le mal que j'ai subi,
Jamais, je n'accepterai de me rabaisser,
Jamais personne ne me l'imposera,
Je la bannis de mon existence.
Je la laisse dans le peu de dignité qu'elle a pour elle.
Mais surtout qu'elle ne s'en prenne pas à d'autres,
Je serai là pour la remettre en place,
Quitte à devoir rendre justice moi-même !
Personne ne touchera à ce que j'ai de plus cher au monde.

Non je ne veux plus souffrir...
Surtout à cause d'une personne,
Une personne sans respect,
Une personne sans courage,
Une personne sans amour,
Une personne manipulatrice,
Une personne fainéante,
Une personne profiteuse,
Non je ne veux plus souffrir...

Une pensée sans lendemain...

Souviens-toi des pensées heureuses,
Une pensée de tous les instants,
Hier, une pensée de mystère de toujours,
Aujourd'hui, une pensée sans lendemain,
Une pensée si douce à notre esprit,
Qui fait tambouriner notre cœur,
Qui met autour de nous, des lueurs,
Des lumières de pensées merveilleuses.
Une pensée si mélancolique,
De musique si tendre,
Aux pétales si frêles,
Qui au gré du vent, se balance et virevolte,
Au-dessus des pensées de bonheur,
Qui en un instant,
Apaise la douleur de notre cœur,
La souffrance de notre esprit,
Qui brille de la rosée du matin,
De mille pensées colorées,
Au milieu de ces étoiles brillantes,
Aux mille éclats à la lueur des pensées de joie.
Ces pétales violets, attendant de flétrir,
Au fil du temps, comme un amour sans lendemain,
Une pensée sans penser plus loin,
Au moment même où tu éclos,
De tout ton éclat au milieu de ce songe de pensées,
Qui couronne ce moment inoubliable,
Qui restera à jamais graver dans nos pensées.

L'Amour est là...

L'amour est là...
Amour de jeunesse,
Amour de femme.
Que d'années à chercher.
Existe-t-il ?

L'amour est là...
Au détour d'un chemin,
Sans crier gare.
Existe-t-il ?

L'amour est là...
Un instant frivole.
Un moment intense.
Existe-t-il ?

L'amour est là...
À côté de nous.
À notre portée.
Existe-t-il ?

L'amour est là...
Derrière nous.
Devant nous.
À jamais.
Existe-t-il ?

Existe-t-il ?
Le mot amour avec un grand A.

UNE PENSÉE POUR TOI, MON AMOUR...

Mon amour,
Je veux te toucher,
Te regarder tout le temps,
Te dire je t'aime sans arrêt,
T'embrasser nuit et jour,
M'endormir dans tes bras toute la vie.
Ma tête pense à toi,
Mes yeux ne voient que toi,
Ma bouche ne parle que de toi,
Mon cœur ne bat que pour toi,
J'aimerais te dire ce que veut mon cœur,
Mais je n'ai pas les mots,
J'aimerais te dire que je n'ai plus peur,
Mais ces mots sonnent faux,
J'entrevois le bonheur,
Mais mon passé me détruit,
Mes angoisses, mes peurs sont là,
Je ne pleure pas en ta présence,
Mais j'ai peur, seule loin de toi.
Je voudrais que le temps s'arrête,
Que tout disparaisse,
Et laisser un espoir de résurrection,
Que mon passé disparaisse,
Et me réveiller toute nue de mes peurs,
De mes angoisses, de ma tristesse,
Retrouver ce bonheur perdu,
Il y a si longtemps,
Une enfance trahie,
Une vie d'adolescente bafouée,
Une vie de femme traquée et battue,

Une vie de mère meurtrie par ces agissements,
Tout ce poids, je le porte à chaque instant,
Je voudrais le fuir, mais il est là,
Je le repousse, il revient.
Pourtant tu es là, près de moi,
Tu m'aides à chaque instant,
Tu me soutiens,
Tu es mon réconfort,
Avec le temps, mon passé ne sera qu'un souvenir,
Un souvenir que l'on n'oublie pas malgré tout,
Mais dont je pourrais regarder en face,
Sans avoir peur, et l'affronter,
Grâce à toi, mon amour,
J'avance doucement vers ce chemin,
Ce chemin du bonheur,
Tant attendu,
Et que je découvre chaque jour près de toi.
Mon amour, j'ai besoin de toi,
Tu es mon rayon de soleil,
Mon rayon de chaque jour,
Mon rayon de survie,
Mon amour.

Toi, mon bel inconnu...

Toi, mon bel inconnu,
Cet inconnu de ma jeunesse,
Toi, mon bel inconnu de mon enfance,
Toi, qui as bercé toutes mes nuits,
Toutes mes pensées, tous mes rêves,
Sans jamais trouver ton visage.

Toi mon bel inconnu,
Arriveras-tu ?
Seras-tu là un jour ?
Seras-tu là, présent ?
Seras-tu là près de moi ?
Mais, toi, mon bel inconnu, seras-tu là ?
Je te cherche,
Je te trouve,
Je ne sais plus,
Toi, mon bel inconnu de ma jeunesse,
Toi, mon bel inconnu de mon enfance.
Toi, mon bel inconnu,
Tant cherché,
Tant espéré,
Tant attendu.
Je t'ai trouvé, enfin un jour,
Sans avertir
Sans crier gare,
Tu es arrivé,
Tu m'es apparu,

Toi, mon bel inconnu,
Le visage rayonnant de ton sourire,

Enfin, je t'ai trouvé,
Toi mon bel inconnu,
Ton visage apparaît,
Ton nom existe,

Toi, mon bel inconnu,
J'espère à tout jamais,
Que ton cœur battra pour moi,
Toi, mon bel inconnu, de mes pensées,
Toi, mon bel inconnu, de ma jeunesse,
Toi, mon bel inconnu, de mon enfance, de mes rêves,
Tu es là.

Mon amour, pour la vie...

Mon amour, pour la vie...
Tu es la seule raison de mon sourire, de mes rires, de mes pleurs,
Tu es ma force, mes faiblesses.
Si le destin a fait son choix,
Je sais que c'est toi l'être aimé.
Je bénis à chaque instant le jour où je t'ai connu.
Je te porte au-dessus des nuages.
Ton amour est ma force,
Le ciel est mon univers.
Je veux réaliser mon rêve d'enfant,
Une fois et qu'une fois, seulement avec toi.
Mon amour pour toi est éternel, où que tu sois.
Je remercie l'Éternel pour avoir entendu mon appel.
Même si j'ai mal au fond de moi, de par mon passé,
Même si je pleure des maux anciens qui me rongent,
Toi, je te porte dans mon cœur au plus profond de mon être.
Même si le monde n'existait plus, je t'aimerais à jamais.
Je t'aime tout simplement, sans détour,
Sans mensonge, en étant moi-même.
Je te donne ma vie. Je te donne mon cœur.
J'aimerais être la lumière de tous tes matins,
J'aimerais être les étoiles de toutes tes nuits.
Depuis que je te connais ma vie est un rayon de soleil,
Mes nuits, des étoiles filantes,
Mes journées, des arcs-en-ciel.
Mon cœur brûle à chaque instant pour toi.
Je ne voudrais pour rien au monde que cela s'arrête.
Je veux vivre pleinement ma vie auprès de toi.
Dans tes bras, je me sens rassurée,
Mes yeux scintillent de bonheur.

Lorsque tu es loin de moi, je souffre de ton absence.
Mes pensées pour toi, me donnent le courage de t'attendre.
Entendre le son de ta voix me rassure.
Tu es pour moi, et tu resteras pour moi,
À jamais, l'homme de ma vie.
Ensemble, nous continuerons notre chemin, main dans la main.
Mon amour, pour la vie...

MON AMOUR...

Mon Amour
Ce mot sonne dans mon cœur comme un tambour.
Tout mon être est en émoi,
Mon cœur tressaille à ta vue,
Tout s'entremêle dans mon esprit,
Je me sens fondre dans tes bras,
Je deviens enfant, petite fille, femme.

TOI, MA FILLE, MON UNIQUE FILLE...

Toi, ma fille, mon unique fille...
Un bel après-midi,
Dans ce pays chaud, loin de tout,
Loin de nos origines.
Ce pays où j'ai rejoint ton père,
L'amour qui m'a fait tout quitter,
Mais que pour rien au monde, je regrette.
Je t'ai toi,
Toi, ma fille, mon unique fille...

Toi, ma fille, mon unique fille...
Tu m'es apparue, le fruit de mon amour.
Une petite fille, si fragile, si belle.
Que mon amour pour toi,
En te voyant, fut intense, plein de bonheur.
Quoi de plus troublant pour moi que ton regard d'enfant
Mon premier bébé,
Toi, ma fille, mon unique fille...

Toi, ma fille, mon unique fille...
Tu m'as fait passer des nuits blanches,
Ta tête dans le creux de mon épaule,
Tu savourais, ta tétée jusqu'à l'aube.
Tu étais mon bijou, ma lumière, ma princesse.
Tu m'as donné tant de joie, de bonheur.
Toi, ma fille, mon unique fille...

Toi, ma fille, mon unique fille...
Tu ne cesses de m'émouvoir,

Tes yeux étincellent d'amour,
Ton visage rayonne de soleil,
Ton sourire relève de la douceur,
Tes paroles sont de la musique tendre à mes oreilles,
Toi, ma fille, mon unique fille...

Toi, ma fille, mon unique fille...
Tu ne cesses constamment de m'étonner,
Tes premiers pas furent une découverte de la vie,
Tu as eu peur, mais tu m'as faite confiance,
Sous tes pieds, tu as découvert la stabilité,
La liberté de te déplacer, de bouger,
Toi, ma fille, mon unique fille...

Toi, ma fille, mon unique fille...
La perle de ma vie,
Partout, tu as été présente lors de nos sorties,
Dans nos folies nocturnes avec ton père,
La musique berçant ton sommeil de petit ange,
Tu étais là, près de nous,
Ta présence était notre dose de fièvre,
Tu réchauffais nos cœurs,
Tu nous rapprochais l'un de l'autre.
Toi, ma fille, mon unique fille...

Toi, ma fille, mon unique fille...
Tes premiers mots de bébé résonnent dans ma tête,
J'étais la plus heureuse des mamans,
Tu pouvais formuler avec tes mots doux tes sentiments.
Tu as toujours su t'exprimer,
Dire d'un ton calme, les paroles qu'il faut,
Pour réconforter les personnes autour de toi,

Pour exprimer tes désaccords,
Pour dévoiler tes sentiments,
Pour montrer que tu existes,
Toi, ma fille, mon unique fille...

Toi, ma fille, mon unique fille...
Tes paroles sont de la musique,
Tu révèles par tes chansons,
Tout l'amour que tu veux partager,
Tous les sentiments qui te rongent,
Tout le besoin que tu as d'aimer,
Toutes les blessures enfouies qui brûlent en toi,
Toute la soif qui revendique de te respecter
Toi, ma fille, mon unique fille...

Toi, ma fille, mon unique fille...
Tu as connu l'amour,
Tu es partie loin de moi,
Pour vivre ta vie de femme,
Maintenant, toi aussi tu es devenue une maman,
Mais sache, je serai toujours là pour toi,
Comme toi, tu as toujours été là pour moi,
Dans la peine, comme dans le bonheur,
Mon cœur déborde d'amour pour toi.
Je suis heureuse que tu sois ma fille,
Et je serais toujours là,
Pour te protéger,
Te bercer dans mes bras,
T'embrasser tendrement,
Te dire des mots doux,
T'essuyer tes larmes,
Toi, ma fille, mon unique fille...

Toi, ma fille, mon unique fille...
Reste surtout toi-même,
N'accepte pas de te faire détourner de ton destin,
Vis ta vie à pleines dents,
Profite du bonheur,
Protège-toi,
N'oublie pas tes origines,
Va vers ton chemin,
Ta maman sera toujours là pour toi,
Tu peux compter sur moi,
Toi, ma fille, mon unique fille...

Pour toi, mon fils, mon bébé...

Toi, mon fils, mon bébé,
Tu es arrivé sans crier gare,
Un beau mois d'octobre, je t'ai donné la vie.
Personne n'y croyait, seule moi,
Je t'attendais avec impatience.
Ton père et moi, à cette époque,
Nous ne vivions pas ensemble.
Il n'a pas réagi de suite à ta venue au monde,
Tu es mon dernier bébé, et tu le resteras toujours.

Toi, mon fils, mon bébé,
J'ai crié au monde entier, fort, qu'au grand jamais, je te gardais.
Que même seule, j'affronterai la joie de te mettre au monde,
Les barrières de la vie,
De te dorloter, de te câliner, de te tenir dans mes bras,
De t'embrasser chaque jour.
Tu es mon superbe bébé, et tu le resteras toute ta vie.
Pas un jour, je n'ai regretté ta venue.
Pas une fois, je ne reviendrai en arrière.

Toi, mon fils, mon bébé,
Je sais que tu as souffert de ce manque de présence,
D'amour, de ton père,
Pour lui la vie, n'était que les copains, l'alcool.
La vie n'a pas été toujours rose pour toi, ta sœur, tes frères.
Je faisais tout pour vous protéger, mais hélas...
Je ne pouvais me battre contre des paroles qui détruisent,
Ni les escapades, ni les saouleries, ni les copains.
Je me battais pour toi, pour vous.

Mais un jour, j'ai décidé de partir, de fuir ce calvaire.

Toi, mon fils, mon bébé,
Nous sommes tous partis,
Loin des tourments, j'ai tourné la page.
J'ai essayé de survivre.
Tu étais un enfant qui ne demandait jamais rien.
Tu te contentais de peu.
Tu adorais le football, tu as tout donné pour être le meilleur.
Tu n'étais jamais satisfait de toi.
Pour toi, c'était tout bon ou tout mauvais.

Toi, mon fils, mon bébé,
Tu as deux facettes opposées.
Au fil des années tu t'es affirmé.
Tu as ton caractère.
Nous n'avons pas toujours été d'accord.
Je n'acceptais pas tes sorties, tes jeux inlassables sur Internet,
Tes nuits blanches, tes reproches,
Ton manque de travail à l'école.
Pourtant, tu as réussi tes examens.

Toi, mon fils, mon bébé,
Je suis fière de toi.
Je t'ai donné toute ma vie, mes rêves, mes angoisses.
Pour toi, j'aurais voulu déplacer les montagnes.
Pas un jour, je n'ai cessé de t'aimer.
Lorsque j'ai baissé les bras,
Tu as été là pour moi,
Tu as sauvé ma vie, à maintes reprises,
Tu m'as souvent remise en question.

Tu m'as fait voir la réalité de la vie.
Tu m'as bousculée pour me sortir de ma torpeur,
De mes actes, et me mettre face à la réalité.

Toi, mon fils, mon bébé,
Je te sentais malheureux, de me voir ainsi.
Tu as donné un but à ma vie,
Pour toi, je me battrais encore et encore.
Tu as toujours été là pour moi,
Grandir, n'est pas toujours facile.
Tu as au fond de toi, une grande douceur.
Tu n'es jamais content de toi.
Tes larmes me font tressaillir.

Toi, mon fils, mon bébé,
Il faut dire que tes incertitudes, tes insécurités t'angoissent.
Tu te poses souvent la question, comment m'épanouir, être moi ?
Tu me reproches de te laisser de côté,
De ne pas être assez forte pour m'opposer à ta façon d'agir,
De ne pas te punir, de ne pas m'occuper de toi,
De ne pas t'acheter des vêtements,
Des jeux tout au long de l'année,
Que pour les noëls, les rentrées scolaires, ton anniversaire.

Toi, mon fils, mon bébé,
Je ne pouvais pas être sévère,
J'aurais voulu être une amie, et une mère pour toi.
J'aurais aimé te parler, te dire combien je t'aime,
Combien je tiens à toi,
Que je suis heureuse de t'avoir,
Que tu es mon bébé, mon bébé potelé, mon amour de bébé.

Combien de fois, j'ai eu des remords,
Souvent, je me suis assise auprès de toi, lorsque tu dormais.
Je me sentais coupable,
Mon repenti me secouait.

Toi, mon fils, mon bébé,
Parfois, nous nous querellions,
Tu m'envoyais à la figure, toutes mes fautes, tes reproches.
Et aussitôt, tu me prenais dans tes bras,
Pour me cajoler, pour t'excuser,
Pour me dire que tu m'aimais sincèrement,
Que tu regrettais tes paroles.
J'ai pleuré dans tes bras,
Tu m'as réconfortée,
Tu m'as donné ta tendresse, ton amour.

Toi, mon fils, mon bébé,
Tu voulais que je sois ferme avec toi,
Tu voulais te sentir plus en sécurité,
Tu n'aimes pas que je te dise tes erreurs,
Tu as l'impression que ce sont tes péchés,
Et cela te fausse le sens de tes valeurs.
Tu n'aimes pas que je te répète toujours la même chose.
Tu me dis parfois que tu me haïs,
Je ne suis pas fâchée, je te comprends.

Toi, mon fils, mon bébé,
Tu fais souvent la sourde oreille,
Tu fais des promesses et moi aussi.
Mais souvent nous les brisons.
N'oublie pas que je n'arrive pas à m'exprimer,

Comme je le voudrais, face à toi.
J'ai peur face à toi, car je n'arrive pas à trouver le bon fil,
Pour te dire que je suis désolée.
Je ne t'ai jamais menti, ni raconté d'histoires.
Je perds confiance souvent en moi,
Je veux par contre que tu sois toi-même.

Toi, mon fils, mon bébé,
Tu es parti loin de moi,
Pour vivre ta propre vie,
Pour trouver ta place,
Je sais que tu me manques, un peu plus chaque jour,
Mais tu dois suivre ta voie,
Et continuer seul ton chemin,
Tu resteras mon fils, mon bébé,
Pour toi, je serai toujours là,
Pour t'écouter, te consoler, t'aider.
Mes bras sont grands ouverts,
Pour te tenir dans mes bras, te cajoler.
Toi, mon fils, mon bébé.

MA PETITE PRINCESSE...

Ma petite princesse...
Je n'ai pas vu passer tes premières années,
Je n'ai pas eu la joie de te porter longtemps dans mes bras,
Tu es ma petite princesse.
Tes bisous réconfortent mon cœur,
Tes câlins me font frissonner,
Ton sourire est si doux, qu'il me fait fondre, et illumine ma vie.
Tes yeux, couleur de l'amour, ont toujours l'air
De chercher une réponse.
Ton cœur est si grand, plein d'amour, d'émotion.
Ton air boudeur semble songeur,
Tu as une maturité qui parle de tout,
Tu as une personnalité bien à toi,
Tu aimes jouer avec nous,
Tu aimes les explications, et tu écoutes tranquillement,
Tu as tes idées à toi, et tu t'affirmes.
Tu aimes te déguiser et faire des défilés,
Ton bonheur est d'être une princesse,
Tu adores le dessin, il représente ton moi,
Tu as une grâce si légère,
Ta sensibilité est si forte,
Ton amour pour les animaux me touche,
Ton doudou te sert de réconfort,
Tu lui parles doucement, attendant une réponse, une consolation.
Tu es pour moi mon deuxième souffle.
Toi, ma petite princesse,
Mon être si fragile et si fort.
Lorsque tu dors, j'adore te regarder,
Tu es ma gaieté, mon bonheur,
Tu m'apportes tant de courage,

Tu es ma princesse et tu me fais rêver.
Tu es une grande aide à ma survie.
Tu es très attentionnée avec ta petite sœur,
Ton rôle d'aînée sait trouver les mots pour la consoler, l'écouter.
Je voudrais tant te protéger, contre ce monde,
Contre les soucis de la vie, les chagrins de tous les jours,
Les promesses non tenues,
Les illusions qui font vibrer,
Les faux princes charmants.
Profite de la vie,
De ton insouciance de jeunesse,
Ne sors pas trop vite de ton enfance,
Laisse le temps au temps sans rien précipiter.
Profite à chaque instant de la vie,
Avance doucement dans ton univers.
Toi, ma petite princesse,
Tu fais la joie de ma vie,
Tu m'émerveilles par ta présence,
Je me dis que j'ai de la chance de t'avoir,
Tu es si belle, comme un cœur.
Tu es ma princesse,
Une princesse tombée des étoiles pour illuminer ma vie.
Tu es ma princesse, mon rayon de soleil.
Ma petite princesse...

Toi, mon héros, ma petite-fille...

Toi, mon héros, ma petite-fille qui éblouit ma vie,
Toi, mon héros, ma petite-fille, mon rayon de soleil,
Qui chaque jour m'émerveille,
Toi, mon héros, ma petite-fille qui m'apporte tant d'amour,
Toi mon héros, ma petite-fille qui par ta présence à mes côtés,
Suscite en moi, des joies intenses,
Toi, mon héros, ma petite-fille aux yeux étincelants de malice,
Toi, mon héros, ma petite-fille,
Tu as la magie de me rendre le sourire,
Toi, mon héros, ma petite-fille,
Ta personnalité remplit mon cœur de passion,
Toi, mon héros, ma petite-fille, qui a changé mon existence,
Toi, mon héros, ma petite-fille,
Qui a fait de moi une mamie comblée.

Toi, mon héros, ma petite-fille,
Tu es arrivée un beau jour de décembre,
Ta naissance a marqué mon destin,
Ta venue fut pour moi un espoir de bonheur,
Ce petit bout de chou a émerveillé ma vie,
Au moment même où ma vie basculait.
Ta frimousse m'a réchauffé mon cœur,
Tes gazouillis m'ont transportée de joie.

Toi, mon héros, ma petite-fille,
À chacun de tes pas tu m'impressionnes,
À chacune de tes paroles tu me touches,
À chacune de tes chansons tu me fais tourner la tête,
À chacun de tes câlins tu m'émeus,

Tu as su conquérir mon cœur,
Ta présence me charme,
À chaque instant, tu me fais rêver à des mondes inconnus.

Toi, mon héros, ma petite-fille,
Mon héros de tous les instants,
Tes demandes sont surprenantes,
Tu es heureuse déguisée en tes héros favoris, que nous t'offrons,
Là, tu es dans ton élément,
Un petit héros, haut comme trois pommes,
Tu sais m'attendrir par la grâce que tu as en toi,
Mais tu es aussi mon petit garçon manqué,
Tu n'aimes pas les habits de princesse,
Tu préfères t'habiller en petit garçon, tu es dans ton élément,
Pour le bonheur de mes yeux,
Tu te déguises en tes héros,
Tu adores te comporter et agir comme tes héros
Tu sais me les faire aimer,
Tu me fais partager ton imagination,
Et je tombe sous ton charme.

Toi, mon héros, ma petite-fille,
Tu es mon rayon de soleil, ma joie de vivre
Tu es mon trésor,
Tu es mon héros de chaque jour.
Ton sourire est si tendre,
Ton cœur est si pur,
Ton petit air boudeur me charme,
Tu parles de tout avec maturité,
Tu me surprends par ton savoir,
Tu poses des questions sur le monde,
Tu vas te réfugier dans l'univers de tes héros,

Sérieuse et appliquée sur ce que tu fais,
Parfois tu pars dans tes pensées, dans la lune,
Ton air songeur, cherche des réponses.

Toi, mon héros, ma petite-fille,
Tu chéris que je te raconte des histoires en t'endormant,
Ou lorsque je suis près de toi,
Tu aimes les animaux, les cajoler, les regarder.
Tu cherches les câlins, ta « tutu » et ton doudou dans les mains,
Ta tête dans le creux de mon épaule, blottie contre moi,
Tu t'endors doucement dans ton monde d'enfants,
Ton monde où les héros sont rois.
Tu sais t'imposer avec malice.

Toi, mon héros, ma petite-fille,
Je remercie ma fille, ta maman,
De m'avoir donné une si jolie petite-fille,
De m'avoir permis de te dorloter, de profiter de toi,
Lorsque tout chavirait dans ma vie,
Et une chose est sûre que pour moi,
Dans ma vie, l'amour, la joie d'avoir une si jolie petite-fille,
A changé ma vie pour la nuit des temps,
Je veille sur toi de près ou de loin,
Tu peux à tout moment compter sur ta mamie,
Tu es et resteras à jamais pour moi,
Mon héros, ma petite-fille.

Mon Pépé...

Mon Pépé,
Tu es apparu dans ma vie,
Tu m'as fait voir le soleil,
Tu m'as montré les étoiles,
Tu m'as appris l'amour, la tendresse.
Tu croyais en moi.

Mon Pépé,
Tu m'as dit,
Que j'étais unique,
De rester vraie,
D'être libre,
D'être moi-même,
Tu m'as appris que la vie est courte,
Tu m'as dit d'être moi et seulement moi-même.

Mon Pépé,
J'aimerais pouvoir me blottir dans tes bras,
Entendre ta voix,
Écouter tes mots doux,
Sentir ton odeur.

Mon Pépé,
Le monde est méchant,
Tout va mal,
Je me sens perdue, mal.
Mais au loin, une petite étoile brille au-dessus de moi.
Elle étincelle pour moi,
Elle me parle,

Et me dit tout bas, tout bas,
Tout va s'arranger,
Avance et tu verras le bout du tunnel.
Le temps qui passe loin de toi,
Ne peut altérer l'amour profond,
Que je ressens pour toi,
L'attachement qui nous lie,
Grandi avec moi,
Chaque jour loin de toi.

Mon Pépé,
Tu m'as toujours écoutée,
Quand j'avais besoin de toi,
Tu m'as remonté le moral
Quand j'avais des soucis,
Tu m'as encouragée,
Quand j'étais triste.
Tu m'as consolée,
Quand je subissais un échec.

Mon Pépé,
Je voudrais tant que tu sois près de moi,
Te dire tout l'amour que je ressens au fond de moi,
Toute la tristesse de ton départ,
Jamais, je ne pourrais combler ce vide,
Un vide immense, une enfant perdue,
Qui pense à toi à chaque pas,
Qui te cherche dans ses rêves,
Qui prie pour toi,
Qui a besoin de toi,
Mon pépé, mon pépé de toujours,
Mon pépé à jamais dans mon cœur.

Tout au long de ma vie, papa...

Tout au long de ma vie, papa...
Tu as été présent,
Tu m'as montré le chemin,
Tu m'as guidée
Tu m'as ouvert les yeux.

Tout au long de ma vie, papa...
Tu m'as apporté la joie,
Tu m'as fait ressentir le bonheur,
Tu m'as donné ta protection,
Tu m'as considérée telle que je suis.

Tout au long de ma vie, papa...
Tu es mon modèle,
Tu es mon guide,
Tu es mon idole,
Tu es mon réconfort.

Tout au long de ma vie, papa...
Tu m'as fait bondir sur tes genoux,
Tu m'as tenue dans tes bras,
Tu m'as consolée par tes paroles,
Tu m'as essuyé mes larmes.

Tout au long de ma vie, papa...
Tu m'as bercée dans tes bras,
Tu m'as ouvert ton cœur,
Tu m'as offert ton amour,
Tu m'as donné ta tendresse.

Tout au long de ma vie, papa...
Je me sens toute petite,
Je me sens en même temps forte,
Je me sens protégée dans tes bras
Je me sens heureuse de vivre.

Tout au long de ma vie, papa...
Tu es mon héros au sourire sans fin,
Tu es mon chemin de conduite,
Tu es mon jardin secret,
Tu es mon Papa pour la vie.

Tout au long de ma vie, papa...
Tu as toujours eu raison,
Tu as été dur, mais juste,
Tu as travaillé dur,
Tu as donné ta vie pour moi.

Tout au long de ma vie, papa...
Tu n'as pas toujours été d'accord avec moi,
Tu as été toujours là pour moi,
Tu as toujours répondu à mes questions,
Tu as toujours eu raison.

Tout au long de ma vie, papa...
Tu as été à mon écoute,
Tu as été présent dans les moments difficiles,
Tu m'as fait partager tes expériences,
Tu m'as montré mes torts, mes défauts.

Tout au long de ma vie, papa...
Ces quelques mots pour te dire,
Je t'aime,
Je n'aurai pas voulu un autre Papa que toi,
Tu es mon Papa,
Mon Papa de cœur,
Mon Papa d'amour,
Mon Papa pour la vie.

Papa de cœur...

Tu m'as souvent répété
Qu'il faut dire merci et s'il te plaît
Parfois, j'ai pu te rendre fou
Mais tu sais me calmer de tes mots doux
Tu es mon papa
Et tu soignes si bien mes petits tracas
Tu fais partie de mon univers
Et tu as le rôle de parent
Dans lequel tu as du talent
En veillant sur moi en l'absence de maman
Tu es devenu l'amour de ma maman
Saches que tu es aussi l'amour de ta fille
Je te dédie ce poème
Cher Papa de cœur pour te dire que je t'aime.

Auprès de toi, Maman...

Auprès de toi, Maman...
Ma jeunesse a été bonheur,
Ma vie a été enchantement,
Tu m'as mise au monde,
Tu as guidé mes pas,
Tu m'as donné ton amour.

Auprès de toi, Maman...
Mes jours ont été douceur,
Mes nuits ont été réconfort,
Tu m'as donné tout ton cœur,
Tu m'as aidée, protégée,
Tu m'as soutenue, consolée.

Auprès de toi, Maman...
Mes pleurs ont été essuyés,
Mes cauchemars ont été estompés
Tu m'as encouragée,
Tu m'as aidée, soutenue,
Tu m'as apporté la sagesse.

Auprès de toi, Maman...
Tes paroles ont été mon rayon de soleil,
Tes baisers ont été mon étoile brillante
Tes caresses ont été mon immense océan,
Tes bras ont été ma montagne.

Auprès de toi, Maman...
Je dors d'un sommeil tranquille,

Je vis une existence douce,
Je respire ton parfum,
Je m'éveille heureuse.

Auprès de toi, Maman...
Je suis ton bébé,
Je suis ton enfant,
Je suis ta fille,

Auprès de toi, Maman...
Je voudrais te dire,
Ces quelques mots,
Tous simples,
Tu es la plus merveilleuse des mamans,
Tu es la plus belle des mamans,
Tu as un cœur pur,
Tu es remplie d'amour,
Tu es ma Maman
Maman pour la vie.
Je t'aime.

Pour toi Maman...

Pour toi Maman,
Et pour Toi seule,
Un petit mot doux,
Toi qui m'as tant apporté,
Tu es la plus gentille des mamans,
Tu es mon rayon de soleil,
Tu es, et resteras ma maman,
Pour toujours dans mon cœur
Je t'aime.

Kaki, mon kaki...

Kaki, mon Kaki...
Quand je regardais dans tes yeux,
Mon petit Kaki,
Je voyais un être humain,
Je voyais un confident pour parler,
Je voyais un ami auprès de moi,
Je voyais ton âme dans tes yeux.
J'ai pleuré quand tu m'as quittée,
Je pleure encore aujourd'hui,
Je t'aime de tout mon cœur,
Kaki, mon Kaki.

Kaki, mon Kaki,
Je n'ai pas su te garder auprès de moi,
Un cœur en or a cessé de battre,
Tu es parti, là-haut, dans les étoiles,
Une partie de moi aussi,
Tu resteras toujours dans mon cœur,
Près ou loin, je te sens à mes côtés,
Tu accompagnes ma vie de tous les jours,
Par mes pensées pour toi,
Les étoiles brillent de ta présence,
Là-haut, la nuit, je te parle,
Kaki, mon Kaki.

Kaki, mon Kaki,
À jamais dans mon cœur,
Tu me manques,
Kaki, mon Kaki...

Kaki

Kaki,
Je t'ai ouvert mon cœur.
Ta plus belle vertu fut ta gentillesse.
Chaque douleur perçue,
Ton amour, tu m'as rendue.
Chaque trahison reçue,
Ta gentillesse, tu m'as apportée.
Chaque cri de désespoir,
Tes laichettes, tu m'as données.
Chaque pleur, tu m'as essuyé mes larmes.
Chaque coup reçu, tu m'as protégée.
Toi, Kaki qui est parti si vite de ma vie,
Mon amour pour toi sera toujours là,
Présent dans mon cœur, dans mes pensées.
Tu es mon bébé,
Tu es ma boule de poils,
Tu es mon petit clown,
Tu es toi,
Tu es Kaki.

Mon petit Kaki

Tu es arrivé auprès de moi
Un bel été.
Tu m'as rejoint après des centaines de kilomètres,
Tu as intégré notre famille.
Tu as trouvé auprès de moi, une maman.
Tu as rencontré ta petite femme, Caya.
Tout au long de ces huit années, à nos côtés,
Tu as apporté amour, joie et tendresse.
Tes laichettes, tes câlins, tes aboiements
Seront mes regrets de ta perte.
Tu as donné un sens à ma vie,
L'espoir de me battre.
Tu m'as écoutée de longues heures,
De ton regard si intense, si profond.
Jamais tu ne m'as abandonnée,
Jamais tu ne m'as trahie.
Toujours là, pour essuyer mes larmes de douleur.
Tu as été ma joie de vivre, mon réconfort,
Dans les moments difficiles.
Nos promenades étaient un régal, un apaisement,
Un moment de liberté loin de mes tourments.
Nous nous comprenions,
Il te manquait simplement la parole.
Toutes mes douleurs, tu les comprenais.
Jamais tu n'as failli.
Jamais tu ne m'as tourné le dos.
Un seul regard de toi,
Me redonnait le sourire,
Un souffle de vie.
Nous avons tant partagé.

Maintenant, je me sens seule sans toi.
Tu me manques.
Jamais, je ne t'oublierai mon petit Kaki.
Je sais que tu es près de moi, encore.
Je te sens à chacun de mes pas, de mon existence.
Tu veilles sur moi, je le sens.
Que de bonheur,
Toi mon petit Kaki,
Tu m'as apportée.
À jamais dans mon cœur.
Merci à toi mon petit Kaki.
Jamais, je ne le dirai assez,
Tant tu as été mon bébé,
Ma boule de poils,
Ma bouille de clown.
Merci, Merci Kaki.
Repose en paix.

Mes petites boules de poils : Toi Caya, Toi Kaki...

Un bel été,
Vous m'êtes apparus.
Le coup de foutre entre nous.
Toi Caya, ma petite bouille de chipie,
Toi Kaki, ma petite bouille de clown.
Nos vies se sont croisées en un instant.
Nos cœurs se sont rejoints.
Mon amour pour vous, fut mon plus beau cadeau,
Comme un enfant, heureux de recevoir,
Ce don de la nature si puissant,
Que mes yeux ne peuvent se détacher de vous.
Mes pas sont vos pas.
Mes câlins, vos laichettes.
Ma tendresse, votre affection.
Ma tristesse, votre attachement.
Mes pleurs, vos caresses.
Mes rires, vos aboiements.
Toutes ces années, à mon écoute, vous êtes.
Écoutant mes mots de détresse, d'un regard apaisant.
Mes cris de douleur, mon désespoir,
En vous blottissant contre moi,
M'apaisant avec vos yeux pleins d'amour, de compréhension.
M'apportant toute votre affection,
Sans jamais vous détourner de moi.
Vous avez été là, à chaque instant,
Et éclairé mon visage,
Mon cœur, mon sourire par vos petites bouilles.
Grâce à vous, j'ai surmonté maintes embûches.
Vous avez été mes rayons de soleil, mon réconfort.
Jamais au grand jamais, vous ne m'avez trahi.

Toujours là, présents à mes côtés,
Sur ce long chemin de ma dépression.
Vous êtes là, toujours là, près de moi.
Mon cœur, mon amour vous sont acquis.
Rien ne viendra défaire cette complicité entre nous.
Même ce départ, trop tôt de toi Kaki.
Tu me regardes, me parles,
Sur ton nuage éclatant de lumière dans un ciel limpide.
Toi Caya, tu continues à mes côtés le chemin de la vie.
Et notre tristesse complice,
Nous permet de survivre et de rester unies.
Vous mes petites boules de poils,
Je ne pourrais jamais assez vous dire merci.
Un seul mot et rien qu'un mot,
Si puissant à mes yeux,
Je vous aime.

Table des matières

Remerciements..3
Préface..5
Introduction...7
Regard de mon enfance..9
Lettre ouverte à mes enfants, mes petits-enfants.......11
    Hommage et amour d'une fille à sa mère....................15
    Á vous mes enfants, pardon..16
    Á vous mes enfants, mes petits-enfants.......................17
    Toute une vie pour dire un mot : Pardon....................19
    Pourquoi, je n'existe pas..22
    Je voudrais comprendre...26
    Je me cherche..28
    Mon désespoir...29
    Seule et encore seule..31
    Mon jardin secret..34
    Au-delà des nuages..37
    Toi, mon fils, mon cadet... La souffrance de mon cœur....39
    Toi, mon fils bien-aimé, ma prière, depuis toujours...41
    Pardon mon fils, mon cadet..43
    Un amour, une larme...44
    Entends-tu...48
    Toi, mon miroir...51

Prends ma main..54
Non, je ne veux plus souffrir..56
Une pensée sans lendemain...58
L'Amour est là..59
Une pensée pour toi, mon amour...................................61
Toi, mon bel inconnu...63
Mon amour, pour la vie...65
Mon amour..67
Toi, ma fille, mon unique fille..68
Pour toi, mon fils, mon bébé...72
Ma petite princesse..77
Toi, mon héros, ma petite-fille..79
Mon Pépé..82
Tout au long de ma vie, papa...84
 Papa de cœur..87
Auprès de toi, Maman...88
Pour toi Maman..90
Kaki, mon kaki..91
Kaki..92
Mon petit Kaki..93
Mes petites boules de poils : Toi Caya, Toi Kaki.........95

© 2020 Modvareil
Éditeur : BoD-Books on Demand
12-14 rond-point des Champs-Élysées, 75008 Paris
Impression : Books on Demand, Norderstedt, Allemagne

Illustration : Florent Lucéa

ISBN : 978-2-322-23515-5
Dépôt légal : Juillet 2020